ATELIER DE M. BIARD.

TABLEAUX

Études d'après Nature.

OBJETS ÉTRANGERS

ARMES, VASES, COSTUMES, MEUBLES, ETC.

VENTE

Les Lundi 6, Mardi 7 & Mercredi 8 Mars 1865

EXPOSITION

Le Dimanche 5 Mars 1865.

Mᵉ ESCRIBE, Commissaire-Priseur.

M. Francis PETIT, Expert.

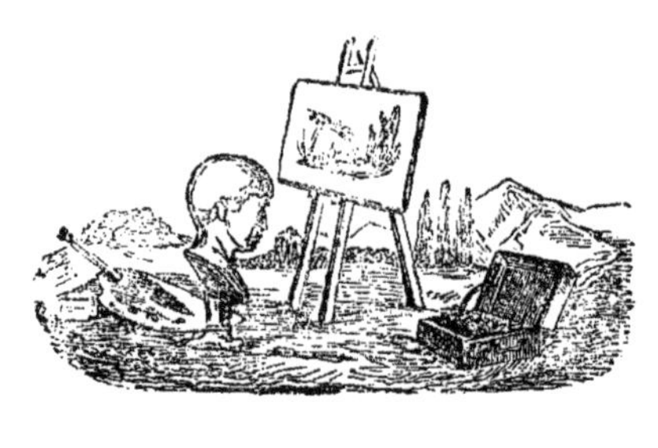

CATALOGUE

DE

TABLEAUX

ET

ÉTUDES PEINTES D'APRÈS NATURE

PAR

M. BIARD

En Amérique, en Laponie, en Orient, en Espagne, en Suisse
et en France ;
Objets étrangers, Armes, Instruments de Musique, Vases,
Parties de Costumes, quelques Meubles, etc., etc. ;

LE TOUT PROVENANT DE SON ATELIER

DONT LA VENTE AURA LIEU

HOTEL DROUOT

SALLE N° 5

Les Lundi 6, Mardi 7 & Mercredi 8 Mars 1865

A UNE HEURE PRÉCISE

Par le ministère de **M⁰ ESCRIBE**, Commissaire-Priseur,
rue Saint-Honoré, 217,
Assisté de M. FRANCIS PETIT, Expert, rue de Provence, 43,
Chez lesquels se distribue ce Catalogue.

EXPOSITION PUBLIQUE

Le DIMANCHE 5 Mars 1865, de une heure à cinq heures.

PARIS — 1865

CONDITIONS DE LA VENTE

———

Elle sera faite au comptant.

Les Acquéreurs paieront, en sus du prix d'adjudication, CINQ pour CENT, applicables aux frais de la vente.

———

Le Catalogue se distribue :

à Paris......... M. ESCRIBE, Commissaire-Priseur.

M. FRANCIS PETIT, Expert.

Bruxelles.... M. E. LEROY.

Id ...... M. HOLLENDER.

La Haye...... M Van Gogh.

Londres...... M. COLNAGHI.

Berlin....... M. LEPKÉ.

TABLEAUX

1 — Emménagement de la cargaison à bord d'un
navire négrier. (Côtes d'Afrique).

H. 168 c. L. 230 c.

2 — Capture d'un bâtiment négrier par un navire
français.

H. 168 c. L. 230 c.

3 — Vente à l'enchère des esclaves en Amérique.

H. 168 c. L. 250 c.

4 — Chasse aux esclaves fugitifs dans les états du
Sud.

H. 168 c. L. 230 c.

5 — Naufrage dans une banquise de la mer
d'Hudson.

Des naufragés européens sont secourus par des
Esquimaux.

H. 168 c. L. 230 c.

---

6 — Hudson, son fils, le mathématicien Wood-
house et quelques matelots abandonnés par
leur équipage révolté dans la mer qui porte
aujourd'hui le nom d'Hudson. (10 no-
vembre 1610.)

H. 125 c. L. 193 c.

---

7 — Louis-Philippe, duc d'Orléans, visitant le cap
Nord, dans une barque de Lapons.

Les détails de cette excursion sont relatés dans
une lettre du roi Louis-Philippe, que possède
M. Biard.

H. 125 c. L. 193 c.

---

8 — Naufragés au milieu des sauvages de l'Océanie.

H. 130 c. L. 160 c.

9 — Naufragés sur un radeau, attaqués par un
requin.

H. 95 c. L. 127 c.

---

10 — Forêt vierge de la province d'Espirito Santo.

H. 2 m. L. 160 c.

---

11 — Cérémonie de la fête de saint Benoît chez les
Cabocles civilisés.

H. 85 c. L. 110 c.

---

12 — Naturaliste dans une forêt vierge.

H. 65 c. L. 80 c.

---

13 — La fabrication du curare.

Les femmes chargées de la préparation de ce
poison sont presque toutes vouées à la mort.

H. 77 c. L. 100 c.

14 — La prière dans les bois, famille de la tribu des
Araras.

H. 77 c. L. 100 c.

15 — Voyageurs français dans une posada espagnole.

H. 26 c. L. 35 c.

16 — Intérieur d'un chàlet à Gruyère.

H. 30 c. L. 40 c.

PORTRAITS

———

17 — Pedro II, de Alcantara, empereur du Brésil.

18 — Theresa-Christine-Marie Bonrbon, impératrice du Brésil.

19 — La princesse Isabelle, fille aînée de l'empereur.

20 — La princesse Léopoldine, seconde fille de l'empereur.

Ces quatre esquisses ont servies à l'exécution des portraits peints en 1855, par M. Biard, pour l'Empereur du Brésil.

ÉTUDES D'APRÈS NATURE

AMÉRIQUE DU SUD — AMAZONE

Tribu des Indiens Muras

21 — Un Indien.

22 — Un Indien.

23 — Un Indien.

24 — Un Indien.

25 — Jeune garçon.

26 — Un Indien.

27 — Un Indien.

RIVIÈRE D'ANDIRA

Tribu des Indiens Maoës

28 — Femme indienne.

29 — Jeune femme.

RIO MADEIRA

Tribu des Araras

30 — Chef de tribu en costume de guerre.

31 — Chef de tribu.

32 — Femme indienne.

33 — Jeune Indien.

Tribu des Mundrucus

34 — Le Grand chef.

35 — Autre chef.

36 — Indien.

37 — Femme indienne.

38 — Femme inspirée.

39 — Jeune garçon.

40 — Indien idiot.

41 — Indien.

42 — Jeune femme d'Abacachi.

43 — Jeune femme dans son hamac.

LAC JOUROUTY

Deuxieme tribu des Mundrucus

44 — Le Devin ou Paget de la tribu.

45 — Jeune guerrier.

46 — Autre guerrier.

47 — Jeune guerrier.

48 — Vieille femme.

49 — Vieille femme surnommée Bouche-Noire.

RIO NEGRO

50 — Jeune Indienne.

51 — Jeune garçon présumé antrophophage.

52 — Jeune fille présumée anthropophage.

RIO DOCE

Tribu des Botocudos

53 — Jeune garçon.

54 — Jeune femme.

55 — Autre femme.

56 — Jeune guerrier.

RIVIÈRE DE SAGUASSOU

Tribu des Indiens Puris

57 — Un Indien.

58 — Un Indien.

59 — Un Indien.

DESTACAMENTO

Tribu des Cabocles civilisés

60 — Jeune garçon.

61 — Jeune fille.

62 — Jeune garçon.

63 — Jeune fille.

64 — Indien porteur de la figure de saint Benoist.

65 — Le Capitaine de la fête de saint Benoist.

66 — Petit garçon accroupi.

67 — L'Indien Almeda, mort de la morsure du serpent
trigonocéphale.

RACES CROISÉES

68 — Jeune homme mamaloka, issu d'un blanc et d'une
Tapouïa.

69 — Jeune femme mamaloka, issue d'un blanc et d'une
  Tapouïa.

70 — Jeune garçon kafouse, issu de père et mère mamaloka.

71 — Petit garçon kafouse, issu de père et mère mamaloka.

72 — Jeune homme kafouse, issu de père et mère mamaloka.

73 — Jeune homme kafouse, issu de Mamaloka et Tapouïa

74 — Jeune fille issue de Mamaloka et d'une Kafouse

75 — Mulâtresse issue d'un Mamaloka et d'une mulâtresse.

76 — Mulâtresse issue d'un Tapouïa et d'une négresse.

77 — Jeune Kafouse.

78 — Petit sauvage civilisé du Rio-Negro.

79 — Jeune Tapouïa.

PAYSAGES ET FORÊTS VIERGES

80 — Orchidées sur les bords de la rivière Saguassou.

81 — Bords de la rivière Saguassou.

82 — Incendie dans un défrichement.

83 — Lisière d'une forêt vierge.

84 — Coucher de soleil. (Espirito Santo.)

85 — Forêt vierge. (Espirito Santo.)

86 — Bords de la rivière Saguassou.

87 — Troncs d'arbres et orchidées. (Rio Negro.)

88 — Forêt vierge. (Rio Negro.)

89 — Limite d'un défrichement. (Rio Negro.)

90 — Forêt vierge. (Espirito-Santo).

91 — Tronc d'arbre et Nid de fourmis. (Saguassou.)

92 — Panorama d'une forêt vierge, près des bords du Rio
  Negro.

LAPONIE

Bords de la mer

93 — Laponne costume d'hiver, île Tromsoe.

94 — Laponne, costume d'été, île Tromsoe.

95 — Lapon, costume d'hiver, Caafiard.

96 — Lapon, costume d'été, île d'Hammerfeest.

97 — Jeune Lapon, costume d'hiver, île d'Hammerfeest.

98 — Jeune Lapon, costume de pêche, île d'Hammerfeest˙

99 — Jeune Laponne, costume d'été, île Havesund.

100 — Vieille Laponne fumant sa pipe, costume d'été, cap Nord.

101 — Lapon du cap Nord.

102 — Lapon de l'île Tromsoe.

103 — Lapon du cap Nord.

104 — Lapon de Havesund.

LAPONS DE L'INTÉRIEUR

105 — Jeune Laponne des bords de l'Alten.

106 — Jeune Laponne des bords de l'Alten.

107 — Jeune Laponne des bords de l'Alten.

108 — Jeune Laponne des bords de l'Alten.

KAUTOKAÏNO

109 — La vieille Mikla 110 ans.

110 — Le fils de la vieille Mikla 90 ans.

111 — La fille de la vieille Mikla 88 ans.

112 — Le pasteur Ander Axel.

113 — Jeune homme.

114 — Jeune femme.

SUREYERVI

115 — Lapon, vêtement d'été.

116 — Lapon, vêtement d'été.

117 — Laponne, vêtement d'hiver.

118 — Laponne, vêtement d'été.

119 — Lapon nomade, costume d'hiver.

120 — Lapon nomade, costume d'hiver.

121 — Lapon nomade, costume d'hiver.

BORDS DU MUONIO

122 — Lapon, vêtement d'hiver.

123 — Laponne, vêtement d'hiver.

KARASWANDO

124 — Lapon, vêtement d'hiver.

125 — Lapon, vêtement d'hiver.

126 — Jeune Lapon, vêtement d'été.

127 — Vieux Lapon vêtement d'hiver.

128 — Laponne, vêtement d'été.

MUONIONISKA

129 — Vieux lapon, vêtement d'hiver.

130 — Lapon couché, vêtement d'été.

131 — Laponne et son enfant, vête ment d'été.

132 — Lapon, vêtement d'hiver.

QUÈNES

habitants du Finmarck, émigrés de l'Asie septentrionale

133 — Quène, pêcheur du cap Nord.

34 — Quène, pêcheur du cap Nord.

135 — Quène, pêcheur des îles Soroë.

136 — Quène, pêcheur des îles Soroë.

PAYSAGES

de Laponie, du Finmarck et du Spitzberg

137 — Panorama de la baie Madeleine, au Spitzberg, par le 79° degré 23ᵐ latitude nord.

138 — Glaces flottantes.

139 — Glaces flottantes.

140 — Glaces flottantes.

HAMMERFEST

141 — Une batterie.

142 — Vue d'Hammerfest.

143 — Une hutte de Lapon.

144 — Étude de phoque.

145 — Étude de phoque.

146 — Étude d'un grand glacier peint pendant la neige à la baie Madeleine.

ORIENT

Habitans du Désert

147 — Berger aveugle de Sahara.

148 — Arabe bedouin de Sahara.

149 — Girafes et leurs conducteurs. (Sahara.)

150 — Santon du désert de Barca.

151 — Maugrabin, marchand d'esclaves du désert de Barca.

152 — Arabe bedouin du désert de Barca.

ASIE-MINEURE

153 — Aga de la douane (Chypre).

154 — Soldat turc (Chypre).

155 — Arabes de la tribu de Thor (Palmyre).

156 — Dame de Bérouth.

157 — Dame circassienne (Smyrne).

PALESTINE

158 — Chrétien de Bethléem.

159 — Chrétien, marchand de chapelets, à Bethléem.

160 — Jeune Turc de Kaïfa.

161 — Derviche de Jérusalem.

ARCHIPEL

162 — Le fils de Thmistocle Visvisis (Syra).

163 — Cuisinier grec (Milo).

164 — Ouvrier grec (Scio).

ÉGYPTE

165 — Soldat du Nizam (Alexandrie).

166 — Jeune muletier (Aboukir).

167 — Jeune fellah (Aboukir).

168 — Femmes priant dans un cimetière (Rosette).

169 — Petit pâtre, joueur de flûte (Rosette).

170 — Femme arabe (Caire).

171 — Fellah (Caire).

172 — Marchand arabe (Caire).

173 — Marchand arabe (Caire).

174 — Femme fellah (Alexandrie).

175 — Fellah en prière (Alexandrie).

176 — Saïs (Alexandrie).

MAROC

177 — Chamellier.

178 — Saïs maugrabin.

ESPAGNE

179 — Moine blanc.

180 — Moine blanc.

181 — Le voleur José Pollio.

182 — Le voleur Geronimo.

183 — La femme du voleur Geronimo.

183 — Calessina.

185 — Jeune manola.

186 — Moine noir.

187 — Une posada.

188 — Entrée et grand escalier du palais des ducs d'Infantado, à Guadalaxara.

189 — Le Patio, cour du palais des ducs d'Infantado.

190 — Une cheminée du même palais.

191 — Le cabinet de toilette de Marie de Padilla à l'Alcazar
de Séville.

SUISSE

192 — Chalet, à Gruyère.

193 — Jeune fille (Gruyère).

194 — Batteuse de beurre (Gruyère).

195 — Berger (Gruyère).

196 — Autre berger (Gruyère).

197 — Petit garçon (Gruyère).

198 — Jeune garçon faisant le fromage.

199 — Jeune bergère (Lac noir).

200 — Vieille femme, Plafayon, près Fribourg.

201 — Jeune berger (Lac noir).

202 — Jeune fiille des environs de Berne.

203 — Bergère (Plafayon).

204 — Vieille femme (Gruyère).

205 — Jeune berger (Lac noir).

206 — Jeune fille (Lac noir).

207 — Vieille femme (Lac noir).

208 — Vieux berger couché, environs de Berne.

209 — Jeune fille, environs de Berne.

210 — Berger (Lac noir).

211 — Femme à genoux (Lac noir).

212 — Bateau de pêche (Lac noir).

PAYSAGES

213 — Châlet des environs de Gruyère.

214 — Sapins dans le brouillard.

215 — Sapins.

216 — Sapins, effet de brouillard.

217 — Sapins.

218 — Sapins, effet de soleil couchant dans le brouillard.

219 — Sapins au Mont-Pilate.

220 — Effet de pluie dans le Lac noir.

221 — Sapins emportés par la fonte des neiges.

222 — Effet de brouillard dans les montagnes.

223 — Sapins dépouillés.

224 — Sentier au bord d'un rocher du Mont-Pilate.

225 — Rochers et sapins au Mont-Pilate.

226 — Le Lac noir.

227 — Le mont Salève (près Genève).

228 — Sapins emportés par la fonte des neiges.

229 — Vue sur le lac des quatre Cantons.

HAUT-BUGEY

230 — Chaumière dans le brouillard.

231 — Éboulement de forêt, vu d'une Chartreuse en ruines.

232 — Torrent à la fonte des neiges.

233 — Tronc d'arbre.

234 — Chartreuse en ruines.

235 — Tronc d'arbre.

236 — Sapins, effet de brouillard.

237 — Effet de soleil couchant.

238 — Sapins dans les rochers.

239 — Rocher.

240 — Effet de ciel.

241 — Plantes et rochers.

242 — Carrière abandonnée.

243 — Tronc d'arbre.

244 — Fontaine et lavoir.

245 — Effet de brouillard dans les rochers.

BAS-BUGEY

246 — La grande cascade de Chanay.

247 — Un Sentier.

248 — Ruines du Château de Chanay, effet de matin.

249 — Les ruines et le rocher de Chanay, effet de soleil.

250 — Étude de terrain.

251 — Petits pâtres jouant.

252 — Troncs d'arbres au bord de l'eau.

253 — Un tronc de noyer.

SAVOIE

254 — Effet de brouillard dans les montagnes.

255 — Le lac du Bourget.

256 — Environs de Chambéry.
257 — Brouillard dans les Montagnes.
258 — Troncs d'arbres.
259 — Le Rhône au-dessous de Genève.
360 — Maisonnette dans les bois.
261 — Troncs d'arbres.
262 — Le Rhône au-dessous de Genève.
263 — Contrebandier savoyard.

ENVIRONS DE LYON

264 — Catacombes à Fourvières.
265 — Ruines des anciennes fortifications.
266 — Un artiste peignant d'après nature.

GRANDE-CHARTREUSE

267 — Montée de la Grande-Chartreuse, côté de Saint-Laurent.
268 — Montée de la Grande-Chartreuse, côté de Grenoble.
269 — Défilé dans les rochers de la Grande-Chartreuse, côté de Grenoble.
270 — Bouquet d'arbres.
271 — Etude de sapins.
272 — Boulangerie de la Grande-Chartreuse.
273 — Un escalier au couvent.
274 — Effet de brouillard.
275 — Chapelle de saint Bruno.

276 — Le bout du monde.

277 — Une croisée du couvent.

278 — Pierre du torrent au pied de la Grande-Chartreuse.

279 — Fragment de cloître.

280 — Rocher du Grand-Son.

281 — Fragment de cloître, soleil couchant.

282 — Marches d'un perron.

283 — Jeune Crétin nourri à la Grande-Chartreuse.

BORDS DE L'ISÈRE

284 — Passage souterrain près Valence.

285 — Grotte souterraine sur les bords de l'Isère.

286 — Vieux soldat habitant une grotte souterraine.

BORDS DU RHIN

287 — Intérieur de la cour de la poste à Bacharah.

PAYS DE NASSAU

288 — Enfant dans son berceau abrité par des gerbes de
blé.

FORÊT DE FONTAINEBLEAU

289 — La mare des Marchais, effet de soir.

290 — La mare des Marchais, effet du matin.

291 — La mare des Marchais, effet du matin.

292 — La mare des Marchais, effet de midi.

CURIOSITÉS ÉTRANGÈRES

Armes

193 — Grand arc Maoës.

294 — Arc de Botocudos et trois flèches.

295 — Arc Cabocle pour lancer des pierres.

296 — Autre arc Cabocle.

297 — Hache de chef australien.

298 — Claymore écossaise.

299 — Bouclier écossais.

300 — Lance œthiopienne.

301 — Fusil arabe.

302 — Fusil du Finmarck.

303 — Fusil d'embarcation pour la chasse aux ours blancs.

304 — Plusieurs couteaux lapons.

305 — Couteaux norvégiens, danois et espagnols.

306 — Lance de pêcheur groënlandais.

Vases

307 — Grand vase en terre peinte (Bas-Amazone).

308 — Gargoulette à boire.   Dito.

399 — Deux Pots avec leurs bassins.   Dito.

310 — Deux autres Pots   Dito   Dito.

311 — Vase en bois sculpté (Norvége).

312 — Deux vases en écorce de bouleau (Laponie).

313 — Gobelet à pied en argent.   Dito.

314 — Plusieurs tasses en argent.   Dito.

315 — Un Service arabe composé de six pièces en cuivre
doré, avec plateau d'étain doré.

Instruments de musique

316 -- Grande trompe de guerre des Mondrucus.

317 — Tambour de Cabocle.

318 -- Petit instrument en bambou.

319 — Flûte faite d'un os.

320 — Autre flûte.

321 — Petite harpe de la côte de Guinée.

322 — Grande guimbarde du Gabon.

Instruments des supplices infligés aux esclaves nègres

323 — Un carcan de fer pour les nègres marrons.

324 — Un carcan de fer pour les pieds et les mains.

325 — Un carcan pour les pieds.

326 — Une paire de menottes.

327 — Un masque de fer.

328 — Une paire de liens pour serrer le front.

329 — Une palmatora en bois de fer pour frapper dans les mains.

330 -- Plusieurs fouets.

Objets fabriqués avec des défenses de morses

331 — Une toilette.

332 — Un coffret à épingles.

333 — Un étui.

334 — Un petit modèle de traîneau attelé de trois rennes.

Poupées

335 — Modèle de quène pêcheu..

336 — Autre modèle de quène pêcheur.

337 — Négresse des Antilles.

338 — Trois modèles demi-nature de figures d'Indiens.

OBJETS DIVERS

339 — Parures de plumes, coiffures, aigrettes, colliers, perruques, ceintures, bracelets, jambiers.

340 — Parasol en plumes bleues.

341 — Parasol en plumes rouges.

342 — Bijoux en argent et en cuivre.

343 — Diverses montres étrangères.

344 — Cuillères en argent, en corne et en bois.

345 — Un panama.

346 — Un grand chapeau de Bedouin.

347 — Une gibecière de la côte d'Afrique.

348 — Divers ceinturons et ceintures d'hommes et de femmes.

349 — Une ceinture et fonte pour les armes.

350 — Une fonte pour les pistolets.

351 — Un étui à manioque.

352 — Plusieurs narguilés.

353 — Patins pour la neige et crampons pour la glace.

354 — Deux pagayes d'Australie.

355 — Un hamac en écorce de piassaba.

356 — Une tente de voyage.

357 — Berceau d'enfant.

358 — Traîneau attelé d'un renne

359 — Plusieurs bois de renne.

360 — Plusieurs défenses de morses.

361 — Deux serres d'aigles formant chandeliers.

362 — Deux petites étagères arabes.

363 — Une lampe arabe en cuivre.

MEUBLES

364 — Une grande armoire ancienne en divers bois Style allemand.

365 — Deux grandes armoires à colonnes torses en bois de noyer. Style allemand.

366 — Un petit buffet en noyer. Style allemand.

367 — Deux autres petits buffets Renaissance.

368 — Une table formant bureau à huit tiroirs.

369 — Une autre petite table.

370 — Un siége d'église à trois places, en chêne sculpté devant et derrière, recouvert en cuir doré.

371 — Deux fauteuils en bois sculpté, couverts en cuir doré.

372 — Quatre chaises en bois sculpté, à hauts dossiers.

373 — Quatre autres chaises.

374 — Cinq autres, diverses formes.

375 — Seize bas-reliefs en bois sculpté, représentant des têtes allégoriques.

376 — Une pendule de Boule et son socle.

377 — Deux trépieds en bronze provenant de la Malmaison.

378 — Un lustre en cristal à vingt-quatre bougies.

379 — Deux grandes girandoles.

380 — Deux plus petites.

381 — Une petite lanterne.

382 — Huit panneaux de tapisserie à dessins de perles de geai de différentes couleurs.

383 — Un coffret de sûreté à surprise. Il est en bois, garni de fer et de velours.

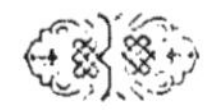

Renou et Maulde, Imprimeurs de la Compagnie des Commissaires-Priseurs, rue de Rivoli, 144.   38833

9 782329 517094